De l'héroïsme

dans la Grande Guerre

Discours prononcé le 13 Juillet 1924
à la distribution des prix du Lycée de Nimes

PAR

M. ESPÉRANDIEU

Membre de l'Institut de France

NIMES

IMPRIMERIE GÉNÉRALE (P. Gellion & Bandini)
21, Rue de la Madeleine, 21

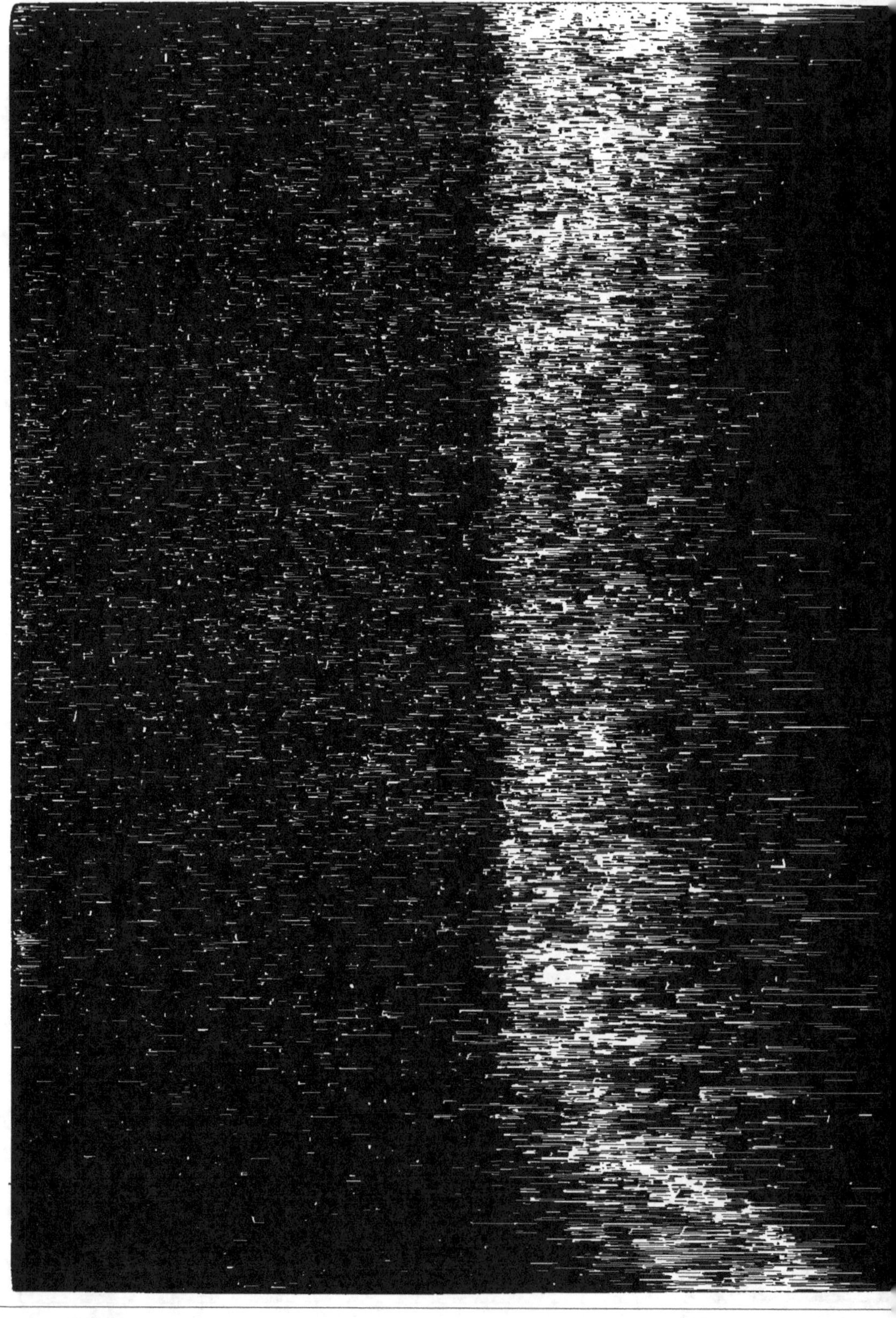

De l'héroïsme français pendant la Grande Guerre

Discours prononcé le 13 Juillet 1924
à la Distribution des prix du Lycée de Nimes

PAR

EM. ESPÉRANDIEU

Membre de l'Institut de France

NIMES

IMPRIMERIE GÉNÉRALE (P. Gellion & Bandini)
21, Rue de la Madeleine, 21

Mesdames, Messieurs,
Mes jeunes amis,

Je ne connais pas beaucoup d'honneurs plus
enviables que celui de parler à des professeurs
et à un auditoire d'élite, en présence de jeunes
élèves qui attendent, avec une impatience légitime,
la proclamation des récompenses qu'ils ont méritées.

C'est vous dire combien je suis reconnaissant
à M. le Ministre de l'Instruction publique et des
Beaux-Arts d'avoir bien voulu me désigner pour
présider cette solennité, et quelle gratitude je
dois pareillement à ceux qui ont demandé et
obtenu pour moi cet honneur.

Il ne va pas cependant sans quelque péril.
On ne préside pas une distribution de prix en
se bornant à des remerciements ; il est aussi de
tradition de donner des conseils, et quels conseils

vous donnerais-je, mes jeunes amis, que vous n'ayez déjà reçus de vos maîtres ?

Vous entrez dans la vie après la plus effroyable tourmente que le monde, peut-être, ait jamais connue. Vous lirez un jour, quand les soucis de votre instruction de lycée auront pris fin, les péripéties de cette tourmente et vous en tirerez, j'en suis sûr, d'utiles enseignements. Mais ne vous flattez pas d'essayer de tout connaître. La « littérature » de la dernière guerre dépasse déjà cent mille volumes ; il faudrait plus de trois existences normales pour s'en pénétrer, si les calculs que l'on a faits sont exacts, et s'il est vrai que trente mille ouvrages soient le maximum de ce qu'un octogénaire eût pu lire dans toute sa vie, en y consacrant huit heures par jour.

Vous n'attendez assurément pas que je prenne ici la place de vos professeurs et que je vous fasse un résumé de la Grande Guerre. L'heure de ce résumé serait d'ailleurs mal choisie. Mais je voudrais, durant les quelques minutes dont votre patience me fait crédit, essayer de vous montrer que cette guerre s'est accompagnée d'actes d'héroïsme nullement inférieurs à ceux de l'antiquité.

Est-ce à dire que nous devions négliger ces actes lointains pour ne célébrer que ceux de notre époque ? Je ne le prétends point : la Grèce et Rome, et d'autres nations, nous fourniront toujours d'admirables exemples de vertus civiques ; mais la France peut avoir l'orgueil de leur en opposer d'aussi beaux.

Comment partirent ces hommes — vos pères ou vos frères — lorsque retentit l'appel aux armes, en ce dimanche tragique du 2 août 1914? Vous ne pouvez guère le savoir, car les plus grands d'entre vous n'avaient pas huit ans. Comment ces paysans, ces ouvriers, ces bourgeois et les ministres de leur culte répondirent-ils à l'appel de la patrie en danger, un poète nimois, M, Eloy-Vincent, qui n'a parlé que des premiers, mais

eût pu louer de même le tranquille courage des
autres, l'a écrit en ces beaux vers :

« ... Toi, tu ne t'es pas dit : « Pourquoi moi qui travaille
      Et nourris les miens, pourquoi moi ?
Pourquoi l'arrachement et pourquoi la mitraille ?
      Pourquoi tant de douleurs, pourquoi ?... »

... Non, dédaignant d'insulter le sort, les nerfs calmes,
      Ta bêche posée en un coin,
Tu t'es mis en chemin, sans prendre garde aux palmes
      Que la foule agitait au loin.

Tu n'as pas eu besoin d'analyse savante
      Toi, pour découvrir qu'un lien
Unit la France éteinte à la France vivante,
      Et le soldat au citoyen.

D'autres ont dans l'esprit des clameurs d'épopée
      Et le grand vacarme vainqueur,
Des vers de Déroulède et de François Coppée,
      Toi, tu n'as que ton rude cœur.

Et tu t'en es allé, pareil au grain de sable
      Dans l'immense effort du mistral,
Ephémère fragment d'un tout impérissable
      Porté par le souffle ancestral. »

*
* *

Ce que fut, pendant près de cinquante-deux mois, coupée par de terribles hécatombes, l'existence aux armées de ces hommes que la boue des tranchées et les misères de toute sorte rendaient sordides, mais devant lesquels, au dire de ceux qui les connaissaient bien, puisqu'ils les commandaient et partageaient leurs périls, on eût dû se mettre à genoux ; — quelles nobles pensées leur venaient à l'esprit, une simple historiette va vous l'apprendre :

La scène se passe dans une de ces tranchées du front. Le vaguemestre arrive. Tous les hommes se lèvent et leurs mains se tendent avidement, dans l'espérance d'une lettre du pays. Mais il n'y a malheureusement qu'une seule enveloppe, et c'est un petit soldat, presque un enfant, qui la reçoit en rougissant de bonheur. On l'envie ;

on se moque un peu de son trouble ; on l'inter-
roge :

— « C'est de ta bonne amie, n'est-ce pas ? »

— « Non, » répond l'enfant en secouant la
tête.

— « C'est de qui, alors ? »

— « De maman ».

— « Ah ! de ta maman ? et bien, lis-la tout
haut, ta lettre ; cela fera comme si c'était des
nouvelles de chez nous. »

Ainsi, la mort qui planait à toute heure sur
leur tête préoccupait moins ces rudes hommes,
que les nouvelles de chez eux, celles du père ou
de la mère, de la femme ou de l'enfant, du frère
ou de la sœur. Et l'on comprend que Maurice
Barrès, traduisant ses impressions d'une visite au
front, ait pu dire :

« ... Comme c'est extraordinaire et noble, ces hommes
qui, dans la vie la plus dure et la plus périlleuse, produi-

sent, en surabondance, les sentiments délicats ! Ils s'atten-
drissent sur des absentes ou sur des inconnues. Ils se
dévouent aux idées pures. Tout est vide autour de nous.
Rien que du ciel, indéfiniment, sur de la boue. Mais ce
vaste désert est rempli des images invisibles de la Famille,
de la Patrie, du Devoir et de l'Honneur. Je suis au milieu
des Saints de la France. Il me semble que j'ai rejoint nos
plus lointains aïeux dans le fond des âges primitifs, et en
même temps je sais être là, avec l'élite de l'humanité,
combattant pour sauver la civilisation. »

Et faut-il vous parler du courage dont ces
« Saints de la France » savaient faire preuve dans
les combats ? On a dû, mes jeunes amis, vous
raconter les prodiges de valeur qui furent accom-
plis aux Thermopyles par la poignée de Spartiates
et de Thespiens que commandait Léonidas. Vous
connaissez cette réponse du général grec au soldat
qui l'abordait en s'écriant, d'une voix où perçait
sans doute quelque inquiétude : « les Perses sont

près de nous, » — « dis plutôt que nous sommes près d'eux ! »

L'inscription que le poète Simonide fit graver : « Passant, va dire à Sparte que nous sommes morts ici pour obéir à ses lois, » mérite d'être citée d'âge en âge ; — mais moins peut-être que l'effort titanesque et le sacrifice de soi-même des immortels soldats de Verdun.

Pendant deux mois et demi, à partir du 21 février 1916, tous les engins de mort que les Allemands ont pu réunir, tout ce qu'une science infernale a su inventer de moyens de destruction, bouleversent le sol ou l'empoisonnent. La terre tremble ; partout l'horreur de la mort. Mais on a donné l'ordre de tenir ou de périr, et nos soldats tiennent et meurent...

Ils tiennent... et comme si la mort, en les prenant, n'eût pas osé leur courber la tête, c'est debout qu'elle laissera certains d'entre eux, la baïonnette menaçante, dans l'effroyable et sublime tranchée qui leur sert encore de tombeau.

... Et les femmes de France ? Doit-on les oublier et ne furent-elles pas admirables aussi, non seulement pour leurs proches, mais partout où elles eurent à se pencher sur des corps ou sur des cœurs meurtris ?

On vous a parlé du courage des Lacédémoniennes. Vous savez qu'elles n'avaient point de faiblesses maternelles.

« Il est bien court », disait à sa mère un soldat, en lui montrant son glaive.

« — Fais un pas de plus, » répondit-elle.

Une autre, qui venait de donner à son fils le bouclier dont il avait besoin pour combattre, ajoutait à son offrande ce conseil terrible : « Reviens dessus ou dessous », c'est-à-dire : « Fais-toi tuer ou sois vainqueur. »

Certes, je ne méconnais point la grandeur d'âme de ces femmes grecques ; je l'admire ainsi que vous avez dû le faire. Mais je lui préfère celle de ces trois femmes françaises qui s'efforcent de prendre un air enjoué, en accompagnant à la gare le fils et frère qu'elles chérissent et qui part, peut-être pour ne plus revenir ; puis, quand le train qui s'éloigne a disparu dans un tournant, rentrent douloureusement chez elles, après ces mots de la mère :

« A présent, nous pouvons pleurer. »

Et que dire de cette lettre, que je cite de mémoire, mais dont, aux noms près, j'ai retenu les termes, qu'il serait d'ailleurs facile de retrouver dans des publications de l'année 1914 ?

Une fille du peuple écrit à son frère qui est soldat, loin du danger, dans une formation de l'arrière :

« Cher frère, les Prussiens sont venus ; ils ont tout pris. Le village est brûlé ; papa est mort.

« Nos trois frères, Jacques, Pierre et Jean ont été tués ; maman pleure. Il ne reste plus que toi : venge-les. — Cher frère, Jacques avait gagné la croix d'honneur ; succède-*le*. » Et, pour signature : « Tes sœurs ».

« Succède-*le* » ; ce n'est pas vous, mes jeunes amis, qui commettriez cette faute de grammaire ; mais ne croyez-vous pas que le nom de cette fille du peuple ne serait pas moins digne de passer à la postérité que celui de Cornélie, mère des Gracques, fière d'avoir formé le caractère de ses fils ?

En aurais-je le temps, que je ne croirais pas nécessaire d'être plus persuasif. J'en ai dit assez pour que vous soyez bien convaincus que les exemples d'héroïsme de notre époque égalent, s'ils ne les dépassent, ceux qui nous viennent de l'antiquité, de la Grèce ou de Rome, de Carthage ou de Sagonte.

Et des devoirs pour vous en découlent :

Quand vous rencontrerez quelque grand blessé de la guerre, de ceux surtout qui ne voient plus ou qui ne marchent qu'avec peine, ne lui marchandez pas l'admiration et le respect qu'il mérite ; — quand vous passerez devant un de ces monuments élevés dans chaque commune à la mémoire de ceux qui sont tombés au champ d'honneur, inclinez-vous pieusement ; — car c'est grâce au sang de ces blessés, à celui de ces morts, que vous avez pu grandir libres dans une France meurtrie, mais sauvée par eux.

Il est beau et il est juste qu'une flamme éternelle honore tant de dévouements et marque, dans un cadre grandiose, la place où repose, en pleine gloire, un soldat inconnu d'autant plus majestueux qu'il est le symbole d'une immensité de sacrifices ; mais je voudrais qu'elle eût un reflet dans vos cœurs. Elle ne doit pas être uniquement celle du souvenir ; il faut aussi qu'elle soit un enseignement. — Il faut que vous marchiez dans la vie, les yeux comme fixés sur cette flamme éternelle et que vous restiez les dignes fils de ceux dont l'âme veille encore sur les destinées de la Patrie.